R. P. LINTELO, S. J.

*Membre du Comité permanent
des Congrès Eucharistiques Internationaux*

L'UNIVERS
au pied du Saint Sacrement

XXVᵉ Congrès Eucharistique International
Lourdes

22-26 JUILLET 1914

25ᵉ MILLE

A L'IMMACULÉE-CONCEPTION

LA CHAPELLE-MONTLIGEON (Orne)

IMPRIMERIE-LIBRAIRIE DE MONTLIGEON

D   1914

TRACT A RÉPANDRE :

dans les Collèges, pensionnats, écoles et patro-
    nages,
dans les Confréries du S. Sacrement,
dans les Congrégations de la Sainte Vierge,
dans les Tiers Ordres et Associations de la Sainte
    Famille,
dans les Conférences de S. Vincent de Paul,
parmi les Zélatrices de l'Apostolat de la Prière,
chez tous les hommes d'œuvres.

Prix pour la Propagande :

Un exemplaire	10 centimes	franco
10 exemplaires	50 centimes	»
100 »	4 francs	»
1000 »	32 francs	»

N.-B. — Plusieurs enseignements sur les Congrès Eucha-
ristiques sont empruntés à une belle Lettre Pastorale du Car-
dinal Sarto, aujourd'hui Pie X. Ils sont marqués entre
guillemets.

Imprimatur,
Tornaci, 21 april 1914.
V. CANTINEAU, can. cens. libr.

I. Les Congrès Eucharistiques

Qu'est-ce qu'un Congrès Eucharistique ?

Un Congrès Eucharistique est une réunion d'études et une solennelle manifestation de foi, en l'honneur de Notre-Seigneur Jésus-Christ présent au T.-S. Sacrement.

Que fait-on dans ces réunions d'études ?

Dans les réunions d'études, prêtres et hommes d'œuvres examinent de concert le culte et les œuvres eucharistiques; ils cherchent les moyens de les faire progresser, au profit d'un plus grand nombre de fidèles. Ces œuvres sont, par exemple, les Confréries du T.-S. Sacrement, les Ligues de communion fréquente, l'adoration perpétuelle et nocturne du T.-S. Sacrement, les pèlerinages, les Congrès paroissiaux ou régionaux.

Énumérez les principales manifestations de foi des Congrès.

Chaque jour d'innombrables messes et communions sont offertes ;

Le Saint-Sacrement est exposé et adoré tout le jour par les fidèles ;

Dans les assemblées générales, des milliers de fidèles entendent proclamer les droits de N.-S. Jésus-Christ et professent qu'en Lui seul se trouve le salut de nos sociétés malades.

Le Congrès se termine par une procession solennelle, où les hommes les plus éminents se joignent aux Évêques et aux prêtres pour faire cortège à N.-S. Jésus-Christ; parfois même on y voit les représentants des pouvoirs publics, comme ce fut le cas à Montréal, à Madrid et à Vienne.

Qui a conçu et inspiré les Congrès Eucharistiques ?

Notre-Seigneur semble en avoir inspiré l'idée première à une humble et généreuse chrétienne, Mlle Tamisier, de Tours. Approuvée par les directeurs de son âme, pendant plusieurs années elle parcourut la France en vue d'obtenir la réalisation de sa grande idée. Grâce à l'appui de Mgr de Ségur, le pieux et populaire apôtre de la communion fréquente, le premier Congrès put enfin être tenu à Lille en juin 1881.

Donnez la série des Congrès Eucharistiques Internationaux.

Lille, 1881 ; Avignon, 1882 ; Liège, 1883 ; Fribourg, 1885 ; Toulouse, 1886 ; Paris, 1888 ; Anvers, 1890 ; Jérusalem, 1893 ; Reims, 1894 ; Paray-le-Monial, 1897 ; Bruxelles, 1898 ; Lourdes, 1899 ; Angers, 1900 ; Namur, 1902 ; Angoulême, 1904 ; Rome, 1905 ; Tournai, 1906 ; Metz, 1907 ; Londres, 1908 ; Cologne, 1909 ; Montréal, 1910 ; Madrid, 1911 ; Vienne, 1912 ; Malte, 1913.

Est-ce que ces Congrès intéressent le monde entier ?

Oui, parce que : 1° Il s'y trouve des Évêques, des prêtres et des fidèles de toutes les nations ;

2° Ils sont souvent présidés par un représentant ou Légat du Pape, chef de l'Eglise catholique ;

3° Le Pape désire que tous les fidèles participent de diverses manières aux bienfaits du Congrès ;

4° Il n'y a pas de distance pour les âmes ; l'Église est le corps mystique du Sauveur. Jésus est la vigne, nous sommes les branches.

Expliquez davantage cette comparaison.

Un Congrès Eucharistique apporte au corps entier de l'Église une puissante poussée de vie chrétienne. Sarments vivants et libres, nous devons ouvrir nos âmes à l'action du divin Cep qui veut pénétrer de sa sève jusqu'aux extrémités des branches. L'inertie serait l'indice du dessèchement, de la mort.

Quand le Cœur de Jésus, notre divin Chef, bat de palpitations extraordinaires, les fibres intimes qui nous unissent à lui doivent vibrer aussi d'amour et de zèle.

Il est donc juste que les fidèles du monde entier participent, dans une certaine mesure, aux joies eucharistiques des heureux congressistes de Lourdes.

Quelle est la plus haute signification de ces Congrès ?

Ces Congrès prouvent l'unité et la vitalité de l'Église catholique ; ils rendent sensible à toutes les âmes droites où est le centre vivant de la vraie religion : Jésus présent parmi nous sous les frêles apparences de l'Hostie.

Comment ces Congrès prouvent-ils l'unité de l'Église ?

Ces Congrès prouvent l'unité de l'Église parce que des milliers de fidèles accourus de tous les points du globe se reconnaissent unis dans une même foi et un même culte pour la personne de Jésus-Christ. Ils se proclament d'accord avec la foi des vingt siècles qui les ont précédés. Quelle secte ou quelle doctrine peut prétendre à une si merveilleuse et si constante harmonie des esprits et des cœurs?

Comment ces Congrès prouvent-ils la vitalité de l'Église ?

Parce que, à l'encontre des ennemis qui prophétisent sa décrépitude et sa mort, ils manifestent au grand jour l'expansion croissante de sa hiérarchie, le développement prodigieux de ses œuvres, sa force de résistance aux persécutions.

Ils prouvent encore cette vitalité parce que les 24 Congrès qui ont eu lieu sont devenus de plus en plus grandioses ; les fidèles y ont pris de plus en plus d'intérêt, leur foi et leur amour pour Jésus y ont été puissamment ravivés.

A quoi servent encore ces Congrès ?

Ils servent encore à augmenter la confiance et l'ardeur des catholiques dans la lutte contre les ennemis de leur foi.

« Dans nos Congrès eucharistiques, les chrétiens sentent se réveiller dans leurs cœurs l'esprit de Jésus-Christ ; le courage revient à ceux qui ont pu être de ces pusillanimes qui, par leurs paroles, par leur inertie ou même par leur opposition, paralysaient l'action des plus zélés ; on fait taire en soi tout sentiment purement humain pour se tenir étroitement unis ensemble par le lien de l'amour que forme l'Eucharistie ; on se persuade enfin que l'armée ennemie, encore que très forte peut-être, n'est qu'une armée d'esclaves, qui ne se pourra jamais comparer, quant à la valeur, avec une armée d'hommes libres, affranchis par la liberté des enfants de Dieu. »

Pourquoi ces Congrès doivent-ils être renouvelés souvent ?

« Ces Congrès doivent être renouvelés souvent parce que l'homme est inconstant dans le bien, et parce qu'ils combattent les influences mauvaises que subissent les fidèles de notre temps. Les vérités les plus augustes de notre foi sont niées, les devoirs les plus essentiels de la vie chrétienne sont méconnus. Il s'ensuivrait que beaucoup se refroidiraient et languiraient spirituellement, s'ils ne recevaient de temps en temps la secousse d'un stimulant extraordinaire et l'entraînement de l'exemple. »

II. Le Congrès de Lourdes

Le choix de Lourdes est-il particulièrement opportun?

Oui, parce que, là plus qu'ailleurs, il est manifeste que Marie Immaculée conduit les âmes à l'Eucharistie.

« La gloire spécialement réservée par la Providence au Sanctuaire de Lourdes, c'est, Nous le savons, que, de toutes parts, la Vierge Marie y attire les peuples à Jésus, pour les mettre en adoration aux pieds de son divin Fils! Fait si éclatant que ce Sanctuaire rayonne, à la face de l'univers catholique, tout à la fois comme le centre du Culte Marial et comme le Trône le plus glorieux du Mystère Eucharistique. »

Ces paroles sont du Pape Pie X. Elles font allusion à ces belles processions qui, depuis l'année 1888, sont devenues le point culminant du pèlerinage de Lourdes.

Jésus dans l'hostie est porté par un Evêque, entouré d'un nombreux clergé. Devant les foules de dix, trente, cinquante mille pèlerins, il bénit les malades étalés à ses pieds par centaines. Des acclamations vivifiées par la foi et par la confiance retentissent autour de Lui comme aux jours de sa vie mortelle : « Jésus, fils de David, ayez pitié de nous!... Seigneur, faites que je voie, que je marche... Vous n'avez qu'un mot à dire et je serai guéri. » Et ces cris sont entremêlés d'invocations à Marie : « Santé des malades, Consolatrice des affligés, Notre-Dame de Lourdes, priez pour nous. »

Et l'heureux témoin de ce spectacle se demande : « Où donc sommes-nous ici, dans un pèlerinage de Marie ou du Très Saint Sacrement? » Bientôt il comprend que partout le Fils et la Mère forment groupe, que Marie s'est plu à amener ces foules immenses à son Jésus, pour ranimer leur foi languissante.

Et Jésus, à la prière de sa mère, multiplie les miracles. Depuis des années les merveilles eucharistiques de Lourdes font l'objet d'un rapport dans chaque Congrès. Le docteur Boissarie a pu écrire : « Jamais, dans aucun temps, dans aucun pays, Dieu ne s'est manifesté par des prodiges plus éclatants, plus nombreux ; et c'est autour du Saint Sacrement que toutes ces merveilles viennent converger. »

Pourquoi le Congrès de Lourdes sera-t-il exceptionnellement important ?

1° Parce qu'on y célèbre le jubilé de l'Œuvre des Congrès Eucharistiques internationaux, ce Congrès étant le 25°.

2° Parce qu'il coïncide avec le 60ᵉ anniversaire de la proclamation du dogme de l'Immaculée Conception.

3° Parce qu'on y prépare des solennités grandioses dans un décor incomparable.

4° Parce qu'il doit être une proclamation mondiale de la Royauté de Notre-Seigneur Jésus-Christ et le point de départ de la Réparation nationale organisée chez tous les peuples.

Résumez le programme des travaux du Congrès.

Ce programme comprend une partie théorique : la doctrine du règne social de Jésus-Christ ; et une partie pratique : la communion précoce des enfants et la communion fréquente de tous les fidèles.

On étudiera d'abord le fondement doctrinal de la Royauté sociale de Jésus-Christ dans les Ecritures, dans les Pères de l'Eglise, chez les théologiens, dans la liturgie. On fera ressortir la manifestation de cette doctrine dans la littérature et dans l'histoire. On en fera voir le renouvellement dans la dévotion au Sacré-Cœur et son épanouissement inespéré dans les Congrès eucharistiques internationaux.

On étudiera ensuite les bienfaits de Jésus-Christ envers la société d'après la tradition catholique, par le moyen du saint sacrifice de la messe, de la présence réelle et de la sainte communion.

Déjà la communion, si parcimonieusement distribuée, si tardivement accordée à la jeunesse, a fait surgir des âmes d'élite dans la société. Que sera-ce lorsque dans toute l'Eglise, tous les enfants, tous les fidèles de bonne volonté viendront sans entraves recevoir, soit tous les jours, soit au moins très souvent, la nourriture qui entretient la vie dans les individus, et par là même dans les familles et les sociétés ?

III. L'idée centrale du Congrès

Royauté sociale de Jésus dans l'Eucharistie

Jésus-Christ est Roi !

« C'est une vérité incontestable de la doctrine catholique que Jésus-Christ n'est pas seulement le Rédempteur, le Médiateur et le souverain Prêtre, mais qu'étant le fils consubstantiel de Dieu, et vraiment Dieu Lui aussi, Il est, comme tel, Roi du Ciel et de la terre, ayant le droit d'exercer son empire sur toutes choses.

« Il est Roi *par droit d'élection,* parce que son Père l'a

établi tel en lui donnant en héritage les nations et en propriété la terre jusqu'en ses extrêmes limites.

« Il est Roi *par droit de conquête,* parce qu'Il a délivré les hommes de l'esclavage, non pas en répandant le sang d'autrui, mais le sien propre, et en sacrifiant sa vie et non celle des autres.

« Il est Roi *par le droit de la puissance,* parce qu'Il la possède tout entière sur le Ciel et sur la terre, et qu'Il la montrera dans tout son éclat quand toutes les nations Le verront venir sur les nuées du Ciel pour juger l'univers. Enfin Il est Roi parfait, éternel, universel, que tous doivent révérer également, qu'ils soient sujets ou monarques, habitants du Ciel, de la terre ou des enfers, parce que tous sont tenus de fléchir le genou devant Lui, et que toute langue doit reconnaître et proclamer sa souveraineté (Philip., II, 10-11).

« Ces droits de Jésus sont hautement et clairement proclamés par les prophètes, les apôtres et les évangélistes. »

Comment faut-il rendre hommage à cette Royauté de Jésus?

Il faut lui rendre hommage dans la vie publique et dans la conduite privée.

Quels hommages publics et sociaux lui décernera le Congrès?

Pendant le Congrès, ont lieu de solennelles démonstrations de foi. Les cérémonies non moins que les discours ont pour objet d'affirmer le gouvernement royal de Jésus-Christ sur l'homme, non seulement comme chrétien, mais comme citoyen.

« Nous ne sommes plus en ces temps heureux où les monarques, les princes, les républiques et les peuples entiers, adorant Jésus-Christ, déposaient devant son Sacrement les emblèmes de leur puissance : sceptre, couronnes, armes et drapeaux. Ils reconnaissaient tenir de Lui l'autorité dont ils étaient investis et Le saluaient comme le Roi et le Chef des nations. S'il n'est pas donné à nos temps d'assister à de telles démonstrations de foi, il est pourtant nécessaire qu'elles se reproduisent sous d'autres formes, d'autant plus que l'humanité est aujourd'hui tombée dans un abîme et qu'elle ne peut espérer le salut si elle n'admet pas, à la lumière des faits, cette vérité qu'il n'y a d'heureux que le peuple qui a le Seigneur pour son Dieu, aux volontés de qui il se faut conformer en tout, si l'on ne veut pas encourir le sort des anges rebelles, « jetés dans l'enfer pour y être éternellement tourmentés » (II Petr. II, 4).

Pourquoi le Congrès veut-il promouvoir la Réparation nationale à jour fixe ?

Afin de protester contre les attentats iniques des impies ligués contre Dieu et contre son Christ, et qui déclarent hautement ne plus le vouloir pour Maître. On voudrait mettre Jésus hors de la famille, hors de l'école, hors des hôpitaux, hors de la législation et de la vie sociale, hors des rues et des places publiques, voire même hors de ses propres demeures, les églises. Pendant ce temps la mauvaise conduite de chrétiens dégénérés Le chasse de leurs propres cœurs.

Emus de tant d'attentats, les bons chrétiens opposent leurs adorations à ces insultes, et, par leurs pénitences, implorent le pardon des coupables.

Quel sera le plus beau triomphe social de N.-S. Jésus-Christ ?

Ce sera la multiplication des individus imprégnés de sa grâce et de ses vertus. Le règne de Jésus-Christ ne résulte pas d'une affirmation extérieure de ses droits modifiant la vie intime de chacun, mais il procède de cette vie intime jusqu'à produire une glorification sociale. Les premiers siècles donnèrent ce spectacle de la vie nouvelle des chrétiens modifiant la société, les mœurs et les lois. Quand par contre le règne de N.-S. déclina dans la société, il avait cessé depuis longtemps dans la vie de beaucoup d'individus.

Comment sera garantie la reconnaissance individuelle de la royauté de Jésus-Christ ?

Par l'assiduité plus grande des fidèles à la Table Sainte.

En effet, Jésus a dit : *Je suis la Voie, la Vérité et la Vie.* C'est par la pratique des vertus que chacun doit manifester qu'il reconnaît pleinement Jésus comme le roi de son âme. Mais ces vertus dérivent d'un principe de vie surnaturelle qui les rend possibles à notre nature déchue.

Cette vie divine s'alimente dans l'Eucharistie par la Communion, suivant la parole de Jésus : *Celui qui mange ma chair aura la vie en lui ; celui qui ne mange pas ma chair n'aura pas la vie en lui.*

Aussi l'histoire et la carte du monde prouvent-elles que la vitalité chrétienne des sociétés est corrélative au progrès ou au recul des communions. Il est de toute nécessité que le nombre des individus surnaturalisés, déifiés par le Christ Jésus venant à croître, croisse aussi la reconnaissance sociale de ses enseignements et de ses droits.

IV. Il faut s'unir partout au Congrès de Lourdes

Le Pape a accordé aux fidèles du monde entier de gagner les indulgences du Congrès international, en s'associant aux actes, fêtes et cérémonies de ce Congrès, par des actes ou cérémonies semblables. Par ces faveurs, il entend provoquer dans tout l'univers une démonstration concomitante de foi, d'amour et d'adoration à Jésus-Hostie.

Déjà les années précédentes quelques diocèses de Belgique, d'Autriche et du Canada s'unissaient aux Congrès de Vienne ou de Malte. Il faut que cette année le monde entier soit sur pied, ou, plutôt, à genoux devant Jésus présent au Très Saint Sacrement ; qu'au même moment où, à Lourdes, aura lieu le triomphe eucharistique, tous les peuples rendent un hommage solennel à Notre-Seigneur dans le Sacrement de son amour.

Un frémissement de haine s'est répandu dans toutes les nations contre Jésus-Christ ; il faut que nous fassions frémir d'amour pour Jésus-Hostie la terre tout entière.

La franc-maçonnerie a voulu détrôner Jésus-Christ et répudier partout sa royauté : *Nolumus hunc regnare super nos*. Il nous faut faire éclater cette royauté sur les pavois de nos autels et de nos tabernacles, dans les âmes comme sur les peuples, par une ovation mondiale au Roi des cœurs et des nations, dans le Sacrement par lequel son amour exerce son empire divin sur toute l'humanité.

Les ennemis de Dieu se sont servis de la vapeur, de l'électricité, des chemins de fer, des bateaux, etc... pour jeter sur tout l'univers comme un réseau de haine et enlacer les peuples dans leur complot contre Dieu et contre son Christ, il nous faut, avec ces mêmes éléments du progrès qui ont amené la compénétration des peuples, jeter sur le monde comme un réseau d'amour qui les captive dans les liens de notre Dieu et les rende à Jésus, qui a reçu toute la terre en héritage.

Le fait de Lourdes est, en outre, un fait mondial ; cette année, ce fait, uni au fait (rendu mondial par les Congrès internationaux) des triomphes eucharistiques populaires, constitue une circonstance unique pour soulever, du Japon au Chili, de Liverpool à Sydney, d'Amsterdam à Magellan, un élan magnifique de foi et d'amour envers Marie et Jésus, envers la Mère et le Fils, comme à Lourdes, où le Fils attire à sa Mère, et où la Mère pousse à son Fils.

Il s'agit de faire de toute la terre comme un vaste encensoir, qui, à la même heure, au même jour qu'à Lourdes, en juillet prochain, fera monter le parfum de la même foi, du même amour, des mêmes adorations vers le même Dieu et le même Sauveur dans l'Eucharistie, au milieu d'une ovation simultanée de tous les peuples, confondus dans une même pensée et offrant chacun, au nom de sa patrie, son hommage national au Cœur du Fils, Roi et Maître des nations, par les mains de sa Mère Immaculée.

V. Comment préparer le Congrès?

Avant tout, par la prière, il faut travailler à assurer d'abondants secours du Ciel aux organisateurs du Congrès.

Si vraiment nous voulons que Jésus se lève pour nous secourir, il faut que les premiers nous montrions vouloir son secours ; ce serait sottise d'attendre de Lui des prodiges, si nous demeurons pour notre part indifférents et inertes.

Il faut que les enfants des écoles, les saintes âmes dans les cloîtres, les fidèles aux offices paroissiaux, les chrétiens dans les œuvres, tous les enfants de Marie à la prière du soir en famille multiplient leurs invocations afin d'attirer, par l'intercession de la Très Sainte Vierge, les plus abondantes bénédictions divines sur les solennités de Lourdes et sur le triomphe royal qui doit être simultanément décerné dans tout l'Univers à l'Hôte divin de nos Tabernacles.

Voici la formule de prières à répandre partout. On en trouve le texte imprimé sur un signet à 50 centimes le cent, ou sur une belle image à 4 francs le cent, aux Bureaux de la Clochette, 25, rue Nicolo, Paris, 16ᵉ, ou à Bruxelles, 205, chaussée de Wavre. Divers évêques ont indulgencié cette prière pour leur diocèse.

Prière pour le succès du Congrès

O Jésus, qui vous donnez en nourriture à nos âmes, daignez couronner d'un plein succès le prochain Congrès Eucharistique international. Inspirez-en les travaux, les résolutions et les vœux ; agréez les hommages solennels qui vous y seront rendus, enflammez les cœurs des prêtres et des fidèles, des parents et des enfants, afin que la communion fréquente et quotidienne soit en honneur dans tous les pays du monde et que le Règne social de Jésus-Christ soit partout reconnu.

Notre-Dame de Lourdes, priez pour nous !

(300 jours d'ind., Pie X, 1907.)

Saint Pascal Baylon, patron des Œuvres eucharistiques, priez pour nous !

Le succès du Congrès pourrait être l'intention principale proposée dans les exercices paroissiaux des mois de mai et de juin. Il nous faut la protection de Marie Immaculée, puisqu'il s'agit de la gloire de son fils ; il nous faut la miséricorde du Sacré-Cœur de Jésus, puisqu'il s'agit d'une de ces abondantes effusions de grâces promises pour la diffusion de son amour dans l'Eucharistie.

Dans les écoles et les patronages, il faut enthousiasmer les enfants pour cet hommage mondial à Jésus et à Marie ; il faut leur demander des sacrifices, pour acheter les bénédictions célestes ; qu'ils marquent sur des feuilles les actes de travail, d'obéissance, de silence, ainsi que les prières supplémentaires offertes pour le succès du Congrès (1).

Aux malades, on demandera des actes de résignation, de patience, de piété ; **aux ouvriers et aux soldats,** des heures de fatigues et de corvées.

La mesure où nous ferons abonder la prière et le sacrifice sera la mesure où nous obtiendrons que le Congrès eucharistique international de Lourdes soit peut-être l'événement religieux le plus remarquable, comme acte de foi et de piété universelle, offert à Notre-Seigneur depuis la naissance de l'Eglise.

Il pourra même nous attirer des grâces qui seront le signal d'un renouveau sur toute la face de la terre et d'un triomphe inattendu de l'Eglise.

VI. Comment participer au Congrès de Lourdes ?

Tout d'abord en se rendant à Lourdes, en suivant les travaux des séances et les assemblées générales, les prédications, les solennités, les adorations réparatrices.

Mais le plus grand nombre ne pourra que suivre de loin ces grandioses assises et s'informer, par la presse religieuse, de ce qui se passera à Lourdes.

Tous sans exception peuvent et doivent prendre part aux solennités que Nos Seigneurs les Evêques prescriront dans leurs diocèses respectifs, et travailler à les rendre plus belles et plus utiles à leurs frères dans la foi.

---

(1) Le R. P. Durand, l'apôtre des petits enfants, qui ne manque jamais de stimuler leur zèle à propos de chaque congrès international, leur a fait un appel vibrant à propos du Congrès de Lourdes. — Librairie Eucharistique, 205, Chaussée de Wavre, Bruxelles ; 20 cent. la douzaine, 1 franc le cent.

En s'inspirant de ce qui fut fait déjà à Namur, en Hongrie, dans le Tyrol, voici divers exercices religieux qui, célébrés partout avec zèle et piété, transformeraient la terre entière, ou du moins les pays catholiques, dans les villes et dans les plus humbles villages, en un immense Congrès eucharistique.

Exercices du Triduum

Ouverture des fêtes le soir du 22 juillet ; les 23, 24 et 25, chaque jour : Sonnerie des cloches comme aux grands jours, messe de communion générale, exposition du T.-S. Sacrement ; salut, avec récitation des Litanies du Sacré-Cœur de Jésus et de la Prière pour la propagation de la Communion quotidienne.

Le 26, jour de clôture, procession du T.-S. Sacrement et chant du « Te Deum ».

Pendant ces jours, prédication d'un Triduum Eucharistique, conforme aux prescriptions de S. S. Pie X en 1907, et d'après le plan proposé pour les Triduums qui seront prêchés à Lourdes même, en diverses langues :

1° But et mesure de la Communion.
2° La pratique de la Communion.
3° La Communion des enfants.

Sermon du jour de clôture sur la Royauté de Jésus dans l'Eucharistie. — Consécration au Sacré-Cœur de Jésus.

Intentions des Communions. — On recommande particulièrement aux personnes pieuses de solliciter, pendant ces jours, l'extension de la Communion quotidienne, la Réparation nationale au Sacré-Cœur et la prochaine consécration du monde au Cœur Immaculé de Marie.

Autres moyens. — Les Triduums Eucharistiques de paroisses fourniront l'occasion de promouvoir la Communion fréquente des petits enfants, d'instituer des Ligues.

Congrès régionaux. — Il sera opportun aussi de tenir, en union avec le grand Congrès international, des Congrès eucharistiques diocésains, régionaux ou paroissiaux, ceux-ci pas nécessairement aux dates du Congrès de Lourdes.

VII. Le Congrès et les Enfants

Le moment du Congrès coïncide, en Belgique, avec le temps scolaire, en France avec les vacances. Vu la diversité de situations des deux pays, ces circonstances sont favorables pour organiser des communions générales d'enfants, préparées par quelques instructions de piété.

Qu'il était beau le spectacle donné dans de nombreux Congrès par les processions des enfants, déroulant leurs ravissantes théories à travers les rues pavoisées ! Une idée plus touchante inspira les organisateurs du Congrès de Madrid. Voulant traduire dans un fait sensible les prescriptions du Décret « *Quam Singulari* », ils réunirent 25.000 enfants dans un parc voisin de la ville, pour une communion générale présidée par plusieurs archevêques et évêques. Et les spectateurs émus ne pouvaient manquer d'aller redire partout que Jésus, comme aux jours de sa vie mortelle, appelle à Lui les enfants ; que ce n'est plus seulement pour les serrer sur son cœur et les bénir, mais pour s'emparer de leurs cœurs et y vivre toujours !

Eh bien ! aux jours du Congrès de Lourdes, ce n'est pas 25.000 enfants, mais des millions d'enfants qui doivent s'agenouiller à la Table Sainte !

Il faut que tous, prêtres et parents, travaillent avec ardeur à multiplier les tabernacles vivants de Jésus-Hostie. Il faut que le mot d'ordre de Pie X soit universellement obéi, et **qu'à la fin de juillet, il ne se rencontre plus, en terre catholique, un seul enfant qui par la faute de ceux qui se prétendent les fils dociles de l'Eglise, n'ait pas reçu Jésus, alors qu'il remplit les conditions déterminées par le Pape.**

Il faut que les enfants, par leur naïve et innocente prière, toute-puissante quand ils possèdent Jésus, détournent de nous les fléaux de la colère divine.

Il faut que les enfants sachent que la première communion ne signifie pas quelque acte impressionnant et isolé, mais bien le commencement d'une vie de communions.

Il faut que les prêtres et les parents s'inspirent de la parole d'un grand apôtre de l'Eucharistie, le vénérable P. Eymard :

Quand on a mis dans une âme une étincelle eucharistique, on a jeté dans son cœur un germe divin de vie et de toutes les vertus, et qui se suffit pour ainsi dire à lui-même.

Donc, Communion générale de tous les petits enfants, avant, pendant et après le Congrès ; voilà le désir du Pape, voilà le désir du Cœur de Jésus, voilà la voie du salut, voilà le moyen de préparer des races nouvelles qui glorifient Jésus dans l'Eucharistie !

VIII. Le Congrès et les Décrets Eucharistiques de Pie X

Rappelez les principaux décrets de Pie X.

Nous devons au Pape actuel des actes nombreux pour promouvoir, de diverses manières, le culte de la Sainte Eucharistie. Mais il a surtout travaillé à ramener les fidèles à la Communion quotidienne. Dans la série de ses décrets sur cet objet, voici les plus importants :

20 décembre 1905. — Doctrine vraie sur la Communion quotidienne.

15 septembre 1906. — Facilités accordées aux malades pour recevoir la Sainte Communion.

10 avril 1907. — Prescription des Triduums Eucharistiques.

8 août 1910. — La Communion première et très fréquente des enfants, dès qu'ils ont l'âge de raison.

Un mot d'ordre donné par Rome est la consigne de Dieu. Les efforts de tous doivent désormais converger vers la plus entière réalisation des vœux de l'Eglise.

Pourquoi les Congrès s'occupent-ils de ces Décrets ?

1° Parce que ces grands actes pontificaux sont le fruit, la victoire, le triomphe des premiers Congrès eucharistiques. Ainsi le proclamait à Tournai le Légat du Pape, le Cardinal V. Vannutelli.

2° Parce qu'ils doivent être « le guide de nos travaux, le mot d'ordre inscrit sur notre drapeau pour la propagande du bien ».

3° Parce que le Saint Père, « à cause de sa grande sollicitude et de son zèle, a souverainement à cœur que la pratique de la Communion quotidienne, si salutaire et si agréable à Dieu, s'accroisse et se répande partout, de nos jours surtout, où la religion et la foi catholique sont attaquées de toutes parts, où l'amour de Dieu et la piété laissent tant à désirer ».

Que faut-il faire pour l'exécution de ces Décrets ?

Prédication. — Il faut d'abord propager les enseignements qu'ils renferment. Les curés, les confesseurs et les prédicateurs se souviendront qu'ils sont obligés d'exhorter le peuple chrétien à la communion quotidienne, fréquemment et avec beaucoup d'ardeur. Que chacun d'eux s'écrie avec le vénérable P. Eymard : « *Que je voudrais faire le beau règne de Jésus-Christ sur la terre !* »

Presse. — Il faut aussi donner la plus large diffusion aux écrits et opuscules qui vulgarisent la doctrine des Décrets, et la mettent à la portée de tous.

Ligues. — Ce serait le moment de fonder en grand nombre ces Ligues eucharistiques que l'expérience a prouvé être le plus puissant moyen d'entraîner les volontés hésitantes et d'assurer la persévérance des communiants.

IX. Propagande de Presse

Il faut que pendant toute cette année les journaux catholiques, les Semaines religieuses, les Bulletins paroissiaux, mettent leurs lecteurs au courant de tout ce qui concerne le grand Congrès de Lourdes ; qu'ils provoquent un unanime courant de foi et de piété envers le Très Saint Sacrement.

L'occasion est surtout opportune pour répondre pleinement à cette recommandation faite aux prêtres de la Ligue sacerdotale eucharistique : **Ils travailleront à donner la plus large diffusion aux opuscules qui, conformément aux Décrets, facilitent l'usage de la Communion quotidienne.** J. de Maistre dit que l'éducation consiste à répéter toujours la même chose sans se lasser. La doctrine des Décrets ne pénétrera les âmes que si elle est redite sous toutes les formes, à tous les membres de la société chrétienne. La distribution des tracts convient surtout pour la clôture des triduums, ou pendant le mois du Sacré-Cœur.

Dans ce but, nous indiquons ici quelques tracts de propagande, en désignant les éditeurs par les signes que voici :

L. E. : Librairie Eucharistique, Bruxelles, 205, chaussée de Wavre, ou Tourcoing (Nord), 12, rue de Toulouse.

Cast. : Casterman, Tournai, rue de la Tête-d'Or, et Paris, 66, rue Bonaparte.

B. P. : Bonne Presse, 5, rue Bayard, Paris.

A. M. : Apôtre de la Messe, Montmorency (S.-et-O.).

Cl. : Clochette, 25, rue Nicolo, Paris.

Textes des Décrets. — On les trouve à toutes les adresses indiquées, ainsi que dans les tracts du P. Lintelo. Il y a des feuilles abrégées.

Auteurs de brochures et tracts de propagande :

Chan. Antoni, L. E.
R. P. Barbe, (Act. popul. Reims).
R. P. Bessières, Cast.
Abbé Bouquerel, Cl.
Chan. Bouchat, L. E.

Chan. Degeuser, L. E.
Fidélis, A. M.
R. P. Lambert, Bloud.
R. P. Lintelo, Cast.
Chan. Mahieu, L. E.

On recommande aussi Mgr de Ségur, La France au pied du Saint Sacrement, chez l'éditeur Tolra, à 25 cent. au lieu de 50, et Cros, S. J., Enfants, à la Sainte Table ! Bruxelles, Dewit, ou Paris, Gabalda.

Revues Eucharistiques : Le Très Saint Sacrement. (L. E.).
Annales des Prêtres Adorateurs (L. E.).
L'Action Eucharistique (Imprimerie de Montligeon, Orne).
L'Eucharistie (B. P.).

Revues populaires : Le Petit Messager du S. S. Sacrement, 1.50 par an (L. E.).
La Sainte Eucharistie, 0.60 (Cast.).
La Clochette, 1 fr.
L'Apôtre de la Messe et de la Communion, 1.50.

N.-B. — Dans les distributions de feuillets et de tracts, avoir soin de les faire valoir et désirer, d'y intéresser. Le don en tête à tête est généralement plus utile qu'une distribution en masse.

X. Le Salut par Jésus=Hostie!

En 1880, à Lille, quelques catholiques fervents se groupèrent autour de Philibert Vrau, pour fonder une association d' « Oblats du Très Saint Sacrement ».

« C'était à la suite d'un de ces Congrès annuels des Catholiques du Nord où se trouvent représentées par leurs princes, et la haute éloquence politique, et la grande activité pour les œuvres sociales, et la puissance de la fortune et de la richesse. Nous nous disions à ce spectacle : « Est-ce bien là la source réelle de la régénération catholique ? Est-ce bien là le vrai foyer du bien que nous voulons produire ? » Il nous parut évidemment que tout cela ne pouvait suffire. Nous dîmes à Notre-Seigneur : « C'est vrai, c'est votre Eucharistie qu'il nous faut ! » Et les Oblats furent fondés.

Et ces grands chrétiens dirent à Mgr Mermillod, appelé à bénir l'œuvre naissante : « C'est Jésus-Christ qui est notre vraie éloquence, notre vraie littérature ; notre vraie force motrice et productive, c'est Jésus-Christ, c'est son Eucharistie ! Donnez-le nous plus complètement et plus intimement que jamais ! »

Voilà ce que nous devons chercher, nous aussi. Nos œuvres catholiques seront florissantes quand la sève divine circulera plus abondante dans les âmes, c'est-à-dire, dans la mesure où sera réalisé le retour à la Table Sainte.

Que tous les cœurs soient unis dans un même désir, que tous les efforts convergent vers un but : A l'occasion du Congrès eucharistique international de Lourdes. donner une nouvelle et puissante intensité à la vie catholique des âmes en obtenant que l'influence de Jésus dans l'Eucharistie pénètre plus que jamais dans nos vies, dans nos familles, dans la société tout entière.

Que chaque famille devienne plus eucharistique !

Que chaque paroisse devienne plus eucharistique !

Que chaque œuvre catholique devienne plus eucharistque !

Et Jésus sera Roi !

Que Notre-Dame de Lourdes, mère très miséricordieuse, en obtienne la grâce à notre société malade !

A JÉSUS PAR MARIE !

Indulgences

Pour les Fidèles du monde entier

Les fidèles du monde entier peuvent gagner une indulgence plénière, aux conditions ordinaires, le jour de la clôture de tous les Congrès eucharistiques *internationaux,* en s'unissant de cœur aux congressistes qui prennent part à la grande procession du Très Saint Sacrement.

Pour les Congressistes

A ceux qui, s'étant confessés, communiés, visiteront une église et prieront aux intentions du Souverain Pontife, *là où se tiennent les Congrès,* indulgence plénière.

De 7 ans. 7 quarantaines à ceux qui, pendant un de ces Congrès, prieront pendant quelque temps devant le Très Saint Sacrement exposé.

La Chapelle-Montligeon (Orne). — Impr. de Montligeon.

RENSEIGNEMENTS

1º Personne ne pourra assister aux séances et cérémonies du Congrès sans être muni d'une carte de Congressiste.

2º Les cartes de Congressiste seront délivrées aux intéressés exclusivement par le Délégué de l'Evêque diocésain.

3º Il y a deux sortes de cartes de Congressistes : les unes à *cinq francs*, donnant droit à l'insigne, permettant d'assister à toutes les séances et cérémonies du Congrès; les autres à *dix francs*, donnant droit, en plus, à recevoir le compte rendu complet des travaux du Congrès.

4º En ce qui concerne les logements, il faudra s'adresser aux hôteliers de Lourdes et des environs, lesquels ne voudront pas abuser de la circonstance pour majorer leurs prix d'une manière exagérée.

5º Pour le voyage à Lourdes, les Compagnies de chemins de fer accorderont aux Congressistes des billets à prix réduit, pour une durée de validité de neuf jours.

6º Outre le compte rendu *in extenso* du Congrès, il y aura un compte rendu abrégé, de 64 pages, orné d'illustrations. Ce compte rendu sera envoyé à tous ceux qui auront envoyé une souscription d'au moins *un franc* pour les frais du Congrès.

S'adresser au délégué diocésain.

Pour renseignements plus généraux écrire à **M. le Comte de BEAUCHAMP, Secrétaire du Comité du Congrès Eucharistique, à Lourdes.**